448

R. 2802.
+A.

NOUVELLES MAXIMES
ou
REFLEXIONS
MORALES.

A PARIS,
Chez PIERRE LE PETIT, Impr. &
Libraire ordinaire du Roy, ruë saint
Iacques, à la Croix d'Or.

M. DC. LXXIX.
Avec Privilege de sa Majesté.

A
MONSEIGNEUR
MONSEIGNEUR
LE MARQUIS
DE LOUVOY,
MINISTRE
&
SECRETAIRE D'ESTAT.

ONSEIGNEVR,

Quoy que ce soit vne temerité d'oser vous pre-

ã ij

EPISTRE.

senter ce petit Ouvrage; neanmoins sçachant qu'il y en a quelquefois d'heureuses, j'espere que celle-cy pourra estre du nombre. L'attache particuliere, MONSEIGNEUR, que j'ay toûjours euë pour vostre auguste Maison, m'a fait souhaitter il y a long-temps, de pouvoir vous faire une offrande: & je m'y suis enfin resolu, dans la pensée que vostre bonté genereuse agréeroit le zele ardent d'une personne qui est autant à vous par inclination que par

EPISTRE.

devoir. Comme je ne me propose icy que de penetrer le cœur de l'homme, pour découvrir les veritables vertus, dont il est capable; je puis dire que ce Livre vous appartient. Car puis que vous estes, MONSEIGNEVR, une image vivante de la haute vertu, je ne pouvois mieux la montrer aux hommes qu'en mettant vostre nom à la teste de mon Ouvrage. Ie leur fais voir ainsi un modele éclatant qui est au dessus des eloges. Car, sans

EPISTRE.

parler du succés de vos travaux si glorieux au nom François, toute la terre, MONSEIGNEVR, admire en vous un courage masle, une vigueur infatigable d'esprit & de corps, & une penetration extraordinaire qui vous fait découvrir sur le champ le point & la difficulté des affaires les plus épineuses. Chacun, MONSEIGNEVR, regarde avec admiration la justice de vos jugemens, & la solidité de vos conseils, la facilité à trouver d'heureux

EPISTRE.

expediens pour les projets les plus nobles, & la vigilance surprenante, qui fait que rien ne vous est caché. Tous ceux qui ont l'honneur de vous approcher, sont charmez de cette maniere de répondre juste & décisive qui vous est naturelle ; de la promtitude avec laquelle vous accomplissez ce qu'il y a de plus grand ; de l'amour que vous avez pour les personnes de merite ; de cette passion extrême pour le service du Roy qui vous rend toutes choses possibles;

EPISTRE.

& enfin de cette experience consommée qui vous assure l'execution de tous vos desseins. Ie n'entreprendray pas de décrire icy ces grandes & admirables vertus, afin de ne pas mettre à l'estroit les choses les plus remplies de majesté; je les reserve pour vn ouvrage plus considerable. Mais en attendant que je me donne cet honneur, agréez, MONSEIGNEVR, la passion sincere d'vn homme qui s'est voüé à vous, & le

EPISTRE.

profond respect avec lequel je suis,

MONSEIGNEVR,

De voſtre Grandeur

Le tres-humble & tres-
obeïſſant ſerviteur
A. ROVSSEAV.

PREFACE.

ON n'a point eu d'autre pensée en faisant cet Ouvrage, que de faire connoître les sources cachées des actions des hommes, & de distinguer les mauvaises qualitez, de celles qui meritent des eloges. La fermeté & la constance, la justice & la probité, la prudence & la valeur, & toutes les autres vertus, ne peuvent estre

PREFACE.

loüées assez hautement, lors qu'elles sont veritables. Mais souvent ce qu'on prend pour vertu n'est que l'ombre & le phantôme de la vertu; c'est vne couleur agreable dont on embellit son discours, & dont on masque sa vie; & il n'y a dans beaucoup d'actions que les hommes estiment, que de la malice & de l'interest, de la fourberie & de l'orgueil, de la dissolution, ou d'autres vices cachez. On s'est donc proposé seulement de décou-

PREFACE.

vrir ces causes secrettes, & de percer les nuages qui les environnent ; & comme les personnes intelligentes n'estiment pas ces sortes de livres par la grosseur du volume, l'Autheur en a retranché ce qui eust pû paroistre inutile, & n'y a voulu souffrir aucun langage superflu. A l'égard de la methode qu'il a observée; chacun sçait qu'il y a vne maniere d'écrire sans ordre, qui est digne d'vn honneste homme, & naturelle ; car les objets se

PREFACE.

presentent à l'esprit selon les diverses rencontres de la vie, & non selon vn arrangement d'école. Le Lecteur est prié de remarquer, qu'encore que la varieté semble donner quelque agréement à cet Ouvrage; neanmoins pour en juger juste; ce n'est pas ce qu'on y doit principalement considerer, mais la pureté des sentimens, & la verité des pensées.

TABLE.

On connoistra le nombre de chaque Maxime par le chiffre.

A

Absence, 201
Actions, 116. 288
Ambition, 57. 62. 91. 103. 205. 258
Ame, 180
Amis, 92. 97. 99. 228
Amitié, 14. 22. 33. 63. 142. 171. 172. 221. 235. 278. 298
Amour, 18. 19. 30. 117. 133. 173. 207. 240. 242. 314
Amour propre, 5. 81. 110.

TABLE.

192. 225. 259
Approbation de la populace, 304
Art à la mode, 107
Avarice, 166. 264. 272. 311

B

Bienfaits, 52. 64. 95. 114. 169. 222. 284. 291. 301
Biens, 214. 263
Bonheur, 11. 302. 307
Bonne-foy, 49
Bonne opinion, 67
Bonté, 188

C

Civilité, 47. 184. 282
Cœur, 215.
Colere, 53. 86. 102. 151. 194. 197
Compassion, 158

Com-

TABLE.

Complaisance, 124. 135. 211
Connoissance de soy, 1. 118
Connoissances nouvelles, 24. 183
Confidence, 108. 123
Consolation, 181. 262.
Coûtume, 157.
Crainte, 51. 129. 147. 237.
Curiosité, 186

D

Défauts, 167. 196. 232. 253. 303
Défiance, 28. 41
Déguisement, 283
Demi-sçavant, 121.
Déplaisirs. 55
Desespoir, 79. 316
Desir, 69. 275

TABLE.

E

Ennemy de l'homme, 58
Envie, 15. 60
Esperance, 44. 80. 115. 165
Esprit, 235
Estime de soy, 21
Estude rare, 301
Experience. 200

F

Fautes, 89. 309
Felicité, 40
Femmes, 106. 137. 224. 271
Fidelité, 217
Finesse, 126.
Flatterie, 34. 213
Fortune, 10. 154. 266.
Fourbes, 105
Franchise, 295

TABLE.

G

Generosité, 209
Gens officieux, 204
Graces, 48
Grands parleurs, 98
Gravité, 249

H

Habileté, 56. 130
Haine, 170. 243
Heros, 189
Hypocrisie, 148. 178.
Honnesteté, 286
Honneur, 238
Honte, 274.
Humeur, 120. 279
Humilité, 248

I

Ialousie, 66. 68. 78. 96, 146

TABLE.

163. 236. 281.
Ie ne sçay quoy des laides, 317
Imagination, 7
Impatience, 85
Inclinations, 202
Indépendance de la vertu, 306
Ingratitude, 100. 226. 277 296
Injures, 187. 206
Injustice, 234.
Interest, 54. 231. 250. 261
Insensibilité, 149
Ioye, 159.
Iugement, 82. 229. 280. 312
Iugemens temeraires, 255. 256
Iuges, 23.
Iuremens, 61.

L

Larmes, 293

TABLE.

Liberalité, 285
Loüanges, 83. 145. 223. 294

M

Magnificence, 143
Mauvaise foy, 160
Mensonge, 136. 289
Mépris, 308
Merite, 32. 179. 297
Moderation, 195. 218
Modestie, 127. 198. 245
Mort, 35. 254. 315
Moyen pour se maintenir, 76

N

Noblesse, 241.

O

Opiniastreté, 144. 220. 227
Opinion, 29. 113. 260. 273.
Orgueil, 75. 111. 122. 203

P

Pardon des ennemis, 208

TABLE.

Parler, 37
Passions, 2. 4. 12. 17. 50. 90. 93. 131. 193. 269. 290. 313
Patience, 39. 150. 190
Perfection, 73
Philosophes, 216
Plaisir, 8. 168. 244. 267. 270
Ponctualité, 104
Pouvoir sur soy, 139
Preoccupation. 88
Preoccupation delicate, 300
Presomption, 72
Promesse, 175
Prosperité, 9. 71. 101. 140
Prudence, 3. 74. 87. 112. 162
Pudeur, 276

R

Raillerie, 134
Raison, 27. 46. 247
Reconciliation, 43

TABLE.

Reconnoissance, 265
Remedes, 13
Richesses, 26. 42. 257

S

Sagesse, 25. 141. 191. 318
Secret, 174. 185
Sentiment, 230.
Sens, 6
Services, 119. 128. 176
Silence, 109
Sincerité, 36. 125. 246

T

Tableaux, 319
Temperance, 252
Temps, 182
Tyrans de l'ame, 20
Tranquillité, 212
Tristesse, 156

V

Valeur, 161. 164. 210

TABLE.

Vanité, 39. 292. 299.
Vengeance, 16. 152
Vertu, 31. 45. 65. 70. 84. 94.
    132. 138. 155. 287. 305
Vertus humaines, 251
Vices, 59. 153. 177. 268
Victoire, 77

Z

Zele, 199

NOUVELLES MAXIMES
ET
REFLEXIONS MORALES.

I.

LA plus neceſſaire de toutes les ſciences eſt celle de ſe connoiſtre ſoy-meſme ; & cependant on y donne moins de temps & d'application qu'à toutes les autres.

II.

Les paſſions ſont des

mouvemens qui portent l'homme à chercher les biens ou à éviter les maux qui se presentent à son imagination : elles sont indifferentes d'elles-mesmes, & ce n'est que le mauvais vsage qu'on en fait, qui les peut rendre criminelles.

III.

C'est avec raison que la prudence est nommée l'œil de l'ame ; car si les yeux sont souvent trompez, la prudence ne l'est pas moins.

IV.

Les passions sont des

conseillers interessez; leurs avis sont dangereux, & leurs témoignages suspects.

V.

L'amour propre rend l'homme le centre de luy-mesme, & fait qu'il rapporte tout à luy.

VI.

Les sens sont des guides trompeurs, la raison ne les doit jamais perdre de veuë.

VII.

On n'a pas assez d'égard aux effets de son imagination : c'est peut-estre vne des choses de la vie qui caufe le plus de peine.

VIII.

Les plaifirs font d'aimables impofteurs dont on ne fe défie pas affez : on fe laiffe malheureufemēt aller à leur douceur fans craindre affez leurs fuites funeftes.

IX.

Chacun cherche à s'élever : cependant les profperitez font des degrez gliffans ; & mefme plus on eft haut, plus la chûte eft à craindre.

X.

Ce n'eft pas feulement

dans la haute fortune qu'il faut prendre garde à ſoy ; mais auſſi dans les conditions les moins relevées.

XI.

Le veritable bonheur dépend extremement de la paix intericure, & de la tranquillité de l'ame : celuy-là ne peut eſtre heureux à qui la conſcience reproche quelque choſe.

XII.

Le cœur de l'homme eſt au milieu des paſſions comme vn malade agité par les ardeurs d'vne fiévre violente qui le dévore.

XIII.

Les remedes doivent eſtre proportionnez aux maux : il faut guerir les maladies legeres avec de petits remedes, & celles qui ſont dangereuſes, avec des remedes puiſſans.

XIV.

La parfaite amitié eſt l'vnion de deux perſonnes également vertueuſes & deſintereſſées, dont les ſentimens ſont tellement confondus, que ſemblables à deux ruiſſeaux, on ne les peut ni ſeparer ni reconnoiſtre.

XV.

L'envieux amaigrit de l'embonpoint des autres ; & tout ce qui fait leur bonheur le rend malheureux.

XVI.

Le defir de la vengeance eft d'autant plus à craindre qu'il eft naturel dans le cœur de l'homme : il ofte toute la douceur de la vie; & fes effets font fi funeftes, qu'on le compare avec raifon à vn vautour qui déchire le cœur, & à vn boureau qui ne fe laffe point de tourmenter.

XVII.

Toutes les paſſions deviennent plus foibles, à meſure que le corps s'affoiblit par l'âge : il n'y a que l'amour de la vie qui s'augmente dans l'homme de plus en plus.

XVIII.

L'amour eſt ſemblable au feu, il brille & plaiſt tant qu'on en eſt éloigné ; mais il conſume bien-toſt ceux qui s'en approchent de trop prés.

XIX.

La vie des amans n'eſt

qu'vn songe, & il ne leur reste aprés leurs plaisirs, qu'vne idée confuse qui se dissipe comme vne fumée quand la raison revient les éclairer.

XX.

L'esperance & la crainte sont deux tyrans de l'ame, qui la rendent esclave chacun à son tour.

XXI.

Quelque facilité qu'on ait à concevoir de l'estime pour les autres, on en conçoit encore plus aisément pour soy-mesme.

XXII.

Iamais l'amitié n'vnit les

hommes si étroitement, que quand elle est fondée sur vn rapport d'inclinations & de mœurs.

XXIII.

L'integrité des juges dépend des biens de la fortune comme des avantages de l'esprit; car si l'intelligence les garentit des surprises, la fortune les met au dessus de la corruption.

XXIV.

On ne recherche les nouvelles connoissances que dans l'esperance de nouveaux plaisirs ou de nouvelles vtilitez.

XXV.

Il faut eftre fage pour bien juger de la fageffe d'autruy.

XXVI.

Le mépris des richeffes vient plus rarement de magnanimité que d'impuiffance & d'orgueil.

XXVII.

Il eft inutile d'avoir de la raifon, fi on ne fçait pas s'en fervir.

XXVIII.

Il y a des efprits fi défians, qu'ils ne fe fient à

personne, & ne sont pas seurs d'eux-mesmes.

XXIX.

La verité est souvent bien foible contre l'opinion.

XXX.

Les amans sont visionnaires : la moindre apparence les fait beaucoup craindre ou beaucoup esperer.

XXXI.

La vertu dans les gens du commun n'est autre chose que la crainte des supplices, ou l'esperance d'estre recompensez.

XXXII.

On n'est jamais plus content de son merite, que quand on croit que les autres en sont satisfaits.

XXXIII.

L'amitié pure & veritable est incompatible avec toutes les veuës d'interest, la seule vertu la peut causer.

XXXIV.

Nous connoissons bien quand on flatte les autres; mais la flatterie nous trompe toûjours.

XXXV.

La mort n'est pas glorieuse par elle-mesme, toute la gloire est dans les circonstances.

XXXVI.

La sincerité est une imprudence, quand elle fait dire ce que l'on doit tenir secret.

XXXVII.

Le parler des fourbes vient des lévres, & celuy des honnestes gens vient du cœur.

XXXVIII.

Le pouvoir joint à la patience la rend admirable, plus on eſt en eſtat de venger les injures, plus il eſt glorieux de les mépriſer.

XXXIX.

La vanité nous fait prendre plaiſir à eſlever ceux qui s'abaiſſent.

XL.

L'homme court aveuglément aprés la felicité, & ne prend jamais aſſez de peine à choiſir le vray chemin qu'il faut tenir pour y arriver.

XLI.

Il faut toûjours ſe défier

de ceux qui ont eu sujet de nous haïr.

XLII.

Ceux qui s'empressent de s'enrichir se rendent moins exacts dans la pratique de la vertu.

XLIII.

La reconciliation est quelquefois vn moyen qu'on prend pour se vanger.

XLIV.

On n'est jamais plus dupé que par l'esperance, elle remplit l'esprit d'idées imaginaires.

XLV.

XLV.

Il y a dans chaque siecle des vertus qui sont à la mode, & qui deviennent des vices dans les autres.

XLVI.

Quoy que la raison doive gouverner toutes les puissances de l'ame ; neanmoins la plufpart des choses se font sans elle, sur tout quand les passions nous entraisnent vers quelque objet qui nous plaist.

XLVII.

La civilité est vn moyen inventé par l'amour propre

pour s'attirer l'honnesteté de tout le monde.

XLVIII.

Il y a des manieres d'accorder les graces, qui sont plus insupportables que le refus.

XLIX.

Rien n'offense si sensiblement vn honneste homme, que de voir qu'on doute de sa bonne foy.

L.

Chaque saison de la vie semble avoir des passions qui luy sont propres : les enfans qui n'ont pas de grands sujets de chagrin ont vne joye pure : l'amour suit aprés & est le propre de la jeunesse : l'ambition accompagne la vigueur de l'âge ; & l'avarice est le partage des vieilles gens.

LI.

Quoyque la crainte soit la passion d'vne ame foible ; elle porte neanmoins l'homme aux plus grandes extremitez pour se délivrer des maux prochains.

LII.

Les bienfaits doivent être sans interest ; & il est injuste de se plaindre quand ils sont mal reconnus.

LIII.

La colere dans un homme qui ne peut se vanger, tient plus de la tristesse que de l'emportement.

LIV.

Peu de gens demeurent long-temps fermes contre leur interest.

LV.

Les déplaisirs que nous recevons de nos amis, nous touchent infiniment plus que ceux qui viennent de nos ennemis.

LVI.

Il est quelquefois dangereux d'estre trop habile.

LVII.

Quoy que l'ambition veüille paroistre ne desirer que la gloire, elle commet neanmoins les actions les plus infames pour arriver à ses fins.

LVIII.

L'homme n'a point de plus cruel ennemi que luy-mesme; & de tous ceux qui luy font la guerre, il est le plus à craindre.

LIX.

Les vices les plus dangereux sont ceux qui sont cachez : la honte retient les personnes les plus vicieuses, quand leurs vices sont découverts.

LX.

L'envie est une passion honteuse, qui ne peut compatir avec la generosité.

LXI.

Les juremens ne font jamais vn bon effet dans l'esprit des gens de bien ; la parole leur suffit pour s'assurer de la verité.

LXII.

L'ambitieux se figure que la Religion est vne chimere, pour ne point arrester le cours de ses projets criminels.

LXIII.

Quoy qu'il n'y ait rien de plus estimable que la vraye amitié; neanmoins ce n'est plus aujourd'huy qu'vn pretexte, & vne dissimulation adroite pour arriver à ses fins.

LXIV.

Le trop grand empressement à s'acquitter d'vn

bienfait, tient plus de l'injure que de la reconnoissance.

LXV.

Les vertus extraordinaires attirent souvent plus d'envie que d'admiration.

LXVI.

La grande agitation que cause la jalousie dans le cœur de l'homme, vient du concours de plusieurs passions qui se joignent à l'amour pour le seconder.

LXVII.

Beaucoup de gens se perdent qui se seroient toûjours

jours maintenus, si la trop bonne opinion d'eux-mesmes ne les avoit aveuglez.

LXVIII.

Vn homme transporté de jalousie n'a pas plus de pouvoir sur luy, qu'vn furieux qui ne se connoist pas.

LXIX.

Le desir est vne passion loüable quand on est capable de posseder ce que l'on souhaitte, pourveu neanmoins que le desir soit moderé.

LXX.

Le mépris de la vertu suit

de prés celuy de la reputation.

LXXI.

La prosperité n'enyvre que le commun des hommes; les sages sçavent se regler dans leur bonheur par la raison & par le devoir.

LXXII.

La presomption est vne fausse idée de nous-mesmes, qui nous represente à nos yeux plus parfaits, & plus dignes que nous ne sommes de l'admiration des autres.

LXXIII.

La perfection est vn but que tout le monde se propose, & que personne n'obtient.

LXXIV.

La prudence sert à couvrir beaucoup de défauts : on luy attribuë souvent la timidité, & la trop grande défiance de soy.

LXXV.

L'orgueil fait croire que tout est possible, & fait presumer qu'on est incapable de manquer.

LXXVI.

Vn bon moyen pour se maintenir, est de regler ses actions sur la bonne conduite de ceux qui ont exercé avec reputation les mesmes emplois.

LXXVII.

La plus honteuse victoire pour le vaincu, est celle où il est surmonté en vertu.

LXXVIII.

La jalousie prend toûjours les choses d'vn mauvais biais ; elle donne vn sens criminel aux actions les plus innocentes.

LXXIX.

L'homme ne doit jamais s'abandonner au desespoir; mais considerer au contraire que rien n'estant moins assuré que les choses d'icybas, elles peuvent tourner à son avantage.

LXXX.

Les jeunes gens conçoivent facilement de grandes esperances, & des desseins tout autres que ceux à qui vn long âge a fait connoistre qu'il n'y a rien de certain dans la vie.

LXXXI.

L'amour propre se masque de toutes les belles apparences qui peuvent flatter l'homme pour l'entraîner dans les precipices, où on le voit tomber tous les jours.

LXXXII.

Chacun est content de son jugement, & croit en avoir ce qu'il luy en faut.

LXXXIII.

La plufpart des gens defirent les loüanges avidement, & les donnent aux autres avec modestie.

LXXXIV.

La vertu sans les richesses est froide & infructueuse : elle a besoin de leurs agrémens pour se faire aimer.

LXXXV.

L'homme naturellement impatient se represente des choses impossibles, qui souvent ne le sont pas, & se rend ainsi malheureux avant qu'il ait sujet de l'estre.

LXXXVI.

Les enfans, les femmes, les malades, & les personnes d'vn âge fort avancé sont plus sujets à la colere que les autres ; & les effets qu'elle produit en eux, font d'autant plus violens qu'ils font moins en eſtat de ſe ſatisfaire.

LXXXVII.

C'eſt le propre de la prudence de tirer avantage des plus mauvais évenemens.

LXXXVIII.

La preoccupation eſt vn voile qui nous dérobe la verité des choſes, & qui nous empeſche de les connoiſtre telles qu'elles ſont.

LXXXIX.

On eſt indulgent pour ſes propres fautes, & on

reprend aigrement celles d'autruy.

XC.

L'homme a autant de maiſtres qu'il y a de ſortes de paſſions : elles exercent ſur luy tour à tour vne tyrannie cruelle, dont il eſt toûjours la miſerable victime.

XCI.

L'ambition ne peut eſtre plus mortifiée que par la pauvreté ; puis qu'elle la rend l'objet de la riſée.

XCII.

Vn homme prudent ne

doit rien faire d'important sans le conseil de ses amis: ainsi il a grand interest d'en choisir d'honnestes & d'éclairez.

XCIII.

Les passions sont aisées à guerir au commencement ; mais quand elles se sont fortifiées, elles deviennent incurables.

XCIV.

La pluspart des vertus d'aujourd'huy ressemblent à des actrices qui se presentent sur le theatre du monde, pour abuser les spectateurs ; le merite qu'elles estalent, ne consiste que dans des paroles.

XCV.

Les bienfaits des ennemis sont à charge, & obligent à avoir de la bienveillance pour ceux que la nature fait haïr.

XCVI.

Vn jaloux est credule ; il n'est pas necessaire qu'il soit bien informé des choses pour haïr ou pour craindre : le moindre soupçon suffit pour luy faire mal à la teste.

XCVII.

Il est deshonn te de se

laisser demander quelque chose par ses amis sans leur accorder ; & il est genereux de prevenir leurs necessi‑ tez.

XCVIII.

Les grands parleurs sont plus sujets que les autres à blâmer ce qu'ils n'enten‑ dent pas.

XCIX.

On croit souvent de ses amis, des gens qui ne sont que des flateurs.

C.

Le nombre des ingrats, ne rend pas l'ingratitu‑

de excusable.

CI.

La prosperité est souvent accompagnée de presomption & de vanité : ce sont deux écueils où bien des gens font naufrage.

CII.

La colere est toûjours vne marque de foiblesse d'esprit : on s'y laisse entraîner à cause qu'on ne peut luy resister.

CIII.

Quelque puissantes que soient les loix de la nature, elles sont foibles contre l'ambition : cette passion aveugle estrangement les hommes, & fait mesme violer, pour s'agrandir, les plus estroites vnions du sang.

CIV.

On ne se vante de garder sa parole, qu'afin que les autres agissent avec nous de bonne-foy.

CV.

Les fourbes en trompant les autres, se trompent toûjours eux-mesmes.

CVI.

La vertu des honnestes femmes ne leur donne pas

droit de médire de celles dont la vertu n'est pas si austere.

CVII.

On voit peu de gens dans le monde qui ne soient contrefaits ; & il n'y a point d'art plus à la mode, que celuy de se déguiser, & de bien faire la grimace.

CVIII.

Il faut se défier des gens mysterieux qui font de fausses confidences : c'est pour découvrir les pensées des autres, afin d'en tirer avantage.

CIX.

Il y a vne éloquence dans le silence, qui a quelquefois plus de force que l'éloquence des plus excellens orateurs.

CX.

L'amour propre remuë imperceptiblement toutes les passions : c'est luy seul qui leur donne le branfle, & elles ne font que des esclaves destinées à luy obeir.

CXI.

Les plus petits sujets ont quelquefois des suites fâcheuses;

cheufes; l'orgueil de l'homme se trouvant choqué à cause d'vn petit devoir qu'on ne luy aura pas rendu, en conçoit souvent vn ressentiment qui produit les effets les plus violens.

CXII.

La prudence n'est qu'vne habitude aisée à découvrir les bons moyens pour arriver à la fin que nous nous proposons.

CXIII.

Le bonheur & le malheur de l'homme dépend presque toûjours de luy-mesme; il n'est heureux & malheureux en cette vie, qu'autant qu'il le croit estre.

CXIV.

On oublie plûtost les bienfaits qu'on a receus, que ceux qu'on a faits.

CXV.

L'esperance est vn des plus doux mouvemens de l'ame, elle sert de consolation dans les afflictions.

CXVI.

On peut dire de toutes les actions humaines, ce qu'vn Poëte disoit autrefois des crimes : L'issuë en est bien differente, & tel est souvent recompensé d'vne action, dont vn autre eust esté puny.

CXVII.

L'amour empesche les fonctions de l'ame ; c'est vne de ses plus grandes maladies.

CXVIII.

La pluspart des hommes font beaucoup de fautes, à cause qu'ils ne se connoissent pas.

CXIX.

On recherche les occasions de servir ceux qui ont des richesses, de l'autorité & du credit ; parce que c'est se rendre service à soy-mesme.

CXX.

Les humeurs tristes sont desagreables à tout le monde, & elles ont elles-mesmes du desagrément, des chagrins qu'elles causent aux autres.

CXXI.

Rien n'est plus ridicule qu'vn demy-sçavant qui s'en fait accroire : il ne trouve rien de bon que ce qu'il fait, & décide en oracle des ouvrages d'autruy: les ignorans le redoutent, mais les habiles gens s'en mocquent.

CXXII.

Plus on connoiſt veritablement ſes imperfections, plus on approche de la vertu ; c'eſt l'orgueil qui fait que l'homme tourne les yeux vers ce qu'il a de beau, & les détourne de ſes défauts.

CXXIII.

On cherche moins dans la confidence à ſatisfaire les autres, qu'à ſe contenter ſoy-meſme.

CXXIV.

Rien ne plaiſt davantage

que la complaisance; comme elle flatte extremement l'amour propre, chacun s'y laisse tromper, sur tout les femmes qui s'en font accroire assez legerement.

CXXV.

La sincerité dont les dehors sont si beaux, n'est souvent qu'vne fine dissimulation.

CXXVI.

Ceux qui s'imaginent estre plus fins que les autres, sont fort sujets à estre trompez.

CXXVII.

L'orgueil ne reüssit jamais mieux que quand il le couvre de modestie.

CXXVIII.

Il est de l'honnesteté d'obliger tous ceux à qui on peut faire plaisir ; mais c'est vn devoir indispensable de rendre service aux personnes à qui on a obligation.

CXXIX.

L'homme ne craint pas seulement les maux qui luy arrivent ; il apprehende encore ceux qui ne luy arriveront jamais.

CXXX.

Quand on se vante toûjours d'eſtre habile homme, on fait connoiſtre qu'on n'eſt qu'vn ſot.

CXXXI.

On conſeille aiſément aux autres de vaincre ſes paſſions : & on ne trouve rien de plus difficile que de moderer les ſiennes.

CXXXII.

Les vertus nous paroiſſent plus ou moins belles, ſelon qu'elles nous ſont vtiles.

CXXXIII.

On n'aimeroit pas, s'il n'y avoit du plaiſir à aimer

&

& à estre aimé : & si l'amour propre ne trouvoit son compte, la corruption du cœur de l'homme auroit plus d'avantage à se tourner du costé de l'envie.

CXXXIV.

Quelque fine, & quelque belle que soit la raillerie, elle ne plaist jamais à ceux qui sont raillez.

CXXXV.

L'amour propre se déguise tres-bien sous la complaisance ; elle semble le détruire quoy qu'elle soit tres-vtile à faire reussir ses desseins.

CXXXVI.

Les dehors du mensonge paroissent quelquefois plus beaux que ceux de la verité.

CXXXVII.

Les femmes sont violentes dans leur colere ; & quand elles se croyent trompées, elles deviennent implacables dans la haine qu'elles en conçoivent.

CXXXVIII.

Les fausses vertus sont aux vertus veritables, ce que de belles copies sont aux originaux : on prend souvent les vnes pour les autres ; & mesme il faut estre habile pour ne s'y pas laisser tromper.

CXXXIX.

L'empire le plus necessaire & le plus rare est celuy de commander à son esprit : on n'est point en droit de commander aux autres lors qu'on est soûmis à ses passions ; & on ne peut s'estimer libre quand on est esclave de ses volontez déreglées.

CXL.

La prosperité aveugle les hommes, & leur fait fermer les yeux aux malheurs dont ils font menacez.

CXLI.

Ceux qui font profeſſion de la ſageſſe, ne ſont pas toûjours les plus ſages.

CXLII.

L'amitié eſt vn des meilleurs moyens dont ſe ſerve l'amour propre, pour s'aſſurer ce qu'il ſouhaitte.

CXLIII.

La magnificence eſt d'ordinaire accompagnée d'orgueil.

CXLIV.

L'ignorance cauſe ſouvent vne certaine obſtination, qui paſſe dans l'eſprit du commun du monde pour fermeté.

CXLV.

Nous nous loüons nous-meſmes, quand nous donnons des loüanges à ceux qui ſont dans les meſmes emplois que nous ; de-là vient le plaiſir qu'on prend ſouvent à les loüer.

CXLVI.

La jalouſie eſt ingenieuſe à ſe tourmenter, & ſa curioſité ne ſert qu'à découvrir de nouveaux ſujets qui nourriſſent son mal ou qui l'augmentent.

CXLVII.

La crainte du mal est quelquefois plus fâcheuse que le mal mesme.

CXLVIII.

L'homme ne pouvant estre veritablement vertueux, son amour propre a inventé l'hypocrisie, afin qu'il eust au moins les apparences de la vertu.

CXLIX.

L'homme n'est insensible qu'aux maux qu'il ne connoist point.

CL.

La patience dans les maux est l'art de composer si bien son visage & ses paroles, qu'on ne paroisse point touché des choses qu'on ressent le plus vivement.

CLI.

Rien ne rend l'homme plus different de l'homme que la colere : car sans parler du changement qui se fait dans son visage & en toute sa personne ; elle étouffe en luy la raison & le jugement, qui sont les principaux avantages qui le distinguent de la beste.

CLII.

La vangeance eſt vn aveu de la force & du merite de celuy de qui on ſe vange: on ſe contenteroit de le mépriſer, ſi les coups qu'il a portez n'eſtoient ſenſibles.

CLIII.

Le temps ny les lieux ne ſont point cauſe des vices : on ne s'en doit prendre qu'à ſoy-meſme.

CLIV.

Ceux qui ſe croyent le mieux avec la fortune, ne ſont quelquefois pas long-temps de ses favoris.

CLV.

La pluspart des gens se soucient moins d'estre vertueux que de le paroistre.

CLVI.

La tristesse abat l'esprit, & jette l'homme dans vn assoupissement qui le rend incapable d'agir.

CLVII.

On se regle plûtost par la coustume que par le devoir.

CLVIII.

La compassion vient souvent de l'amour propre, qui fait apprehender de tomber dans les maux, où on voit les autres embarasfez.

CLIX.

La joye est plus grande quand elle est excitée par vn bien auquel on ne s'attendoit pas.

CLX.

Beaucoup de gens sont contents d'eux-mesmes, quand ils ont eu assez d'adresse pour couvrir leur mauvaise foy de quelque pretexte specieux.

CLXI.

Le desir de servir son Prince ne fait pas toûjours la valeur : la necessité, l'ambition, ou l'avarice y ont souvent beaucoup de part.

CLXII.

C'est mal juger des choses que d'en juger par les évenemens : souvent tant d'obstacles s'opposent au succés, que la prudence devient inutile.

CLXIII.

Il y a vne jalousie qui peut estre excusée par le titre specieux d'amitié délicate ; & il y en a vne autre tres-dangereuse, qui est vne espece de fureur.

CLXIV.

Les plus braves ne sont pas ceux qui se piquent le plus de le paroistre.

CLXV.

Plusieurs se sont endormis sur l'esperance d'vn bien qui ne leur est jamais arrivé, & qui leur en a fait perdre d'autres qu'ils auroient pû obtenir.

CLXVI.

Quand les avares paroissent liberaux ; c'est qu'ils

donnent beaucoup pour recevoir davantage.

CLXVII.

Nos défauts naturels ne meurent jamais qu'après nous.

CLXVIII.

La plufpart des plaifirs font de peu de durée : les dégoufts, les chagrins, & les remords les fuivent de prés.

CLXIX.

On cherche plûtoft à fe vanger des injures, qu'à reconnoiftre les bienfaits.

CLXX.

Ceux qui s'abandonnent à la haine, ne doivent rien tant haïr que la haine mesme : c'est vn dangereux ennemy qui ne donne point de repos ; & ceux qui se laissent emporter à sa violence, éprouvent la dureté de tous les maux qu'ils souhaittent aux autres.

CLXXI.

Plusieurs croyent avoir dans le cœur vne amitié sincere, qui n'ont rien moins que cela.

CLXXII.

Les amitiez qui paroiſ-
ſent les plus fortes, ſont tres-
foibles ; puiſque les petits
interests leur donnent at-
teinte , & que les grands
les détruiſent entierement.

CLXXIII.

L'amour eſt vne maladie
contagieuſe , qui ſe com-
munique par les regards &
par les paroles.

CLXXIV.

Quelque promeſſe qu'on
faſſe de garder le ſecret, on
doit entendre toûjours, que
c'eſt à condition qu'il n'eſt

préjudiciable à la Religion ny à l'Eſtat.

CLXXV.

Quand on promet quelque choſe, on doit eſtre maiſtre de le tenir.

CLXXVI.

La vanité a ſouvent plus de part aux ſervices que l'on rend, que la bonté ; tel donne devant le monde, qui ne donneroit point en ſecret.

CLXXVII.

Rien n'eſt plus contraire à vn méchant homme que ſon vice : toſt ou tard il en en est détruit.

CLXXVIII.

L'hypocrisie ressemble à la fausse monnoye : on la reconnoist quand on en fait l'épreuve.

CLXXIX.

Vn honneste homme rend justice au merite dans quelque sujet qu'il le trouve, & aime la vertu mesme dans ses ennemis.

CLXXX.

L'ame & le corps sont vnis si estroitement ensemble, qu'il n'arrive rien de fâcheux à l'vn que l'autre ne s'en ressente.

CLXXXI.

Il est aisé de donner de la consolation à ceux qui souffrent ; mais difficile dans ses propres maux de la recevoir.

CLXXXII.

Le temps est vn grand medecin ; il adoucit les afflictions les plus ameres.

CLXXXIII.

Le desir des nouvelles connoissances est souvent vne preuve de la legereté d'vn esprit qui ne peut s'arrester.

CLXXXIV.

Bien des gens font civils feulement par vanité, & fe laffent bien-toft de faire des honneftetez à ceux qui ne les rendent point.

CLXXXV.

L'envie de parler eft vn défaut dangereux; fur tout quand elle porte à découvrir des chofes où le fecret eft neceffaire pour reüffir.

CLXXXVI.

La curiofité eft excufable dans les jeunes gens; c'eft vne marque que leur esprit cherche à se perfectionner.

CLXXXVII.

La dissimulation des anciennes injures, n'est qu'vne apprehension des nouvelles.

CLXXXVIII.

La bonté des hommes n'est qu'apparente ; c'est vne vertu qu'ils exercent autant qu'ils y trouvent d'vtilité.

CXVI.

Les heros ne sont pas plus exempts des passions que les autres hommes ; &

si leur agitation n'est pas veuë des autres, c'est qu'ils sçavent la retenir dans leur cœur.

CXC.

La vanité contribuë beaucoup à la patience que les hommes font paroistre dans leurs afflictions.

CXCI.

La trop grande sagesse passe souvent pour vne folie.

CXCII.

L'amour propre est la source secrette de tous les malheurs de l'homme, &

quelque dessein qu'il ait de s'en garentir, les appas de cette passion luy paroissent trop charmans pour ne s'y pas laisser tromper.

CXCIII.

On s'abandonneroit plus souvent à ses passions, si la vanité ne retenoit avec plus de force que la raison.

CXCIV.

Les bienfaits adoucissent la colere, & quelquefois l'irritent.

CXCV.

La vanité & le temperament causent le plus souvent la moderation des gens du monde.

CXCVI.

On n'avoüe ses défauts que pour éviter le blâme des autres.

CXCVII.

La colere des gens froids est la plus dangereuse, à cause que le sang froid leur fait prendre des voyes seures pour se vanger.

CXCVIII.

Rien n'est plus avantageux que la modestie à ceux qui sont dans l'élevation ; puis qu'elle les fait aimer au lieu que la vanité leur attire la haine de tout le monde.

CXCIX.

Le zele n'eſt jamais plus grand, que quand on croit qu'il ſera recompenſé.

CC.

L'experience aſſure mieux de la verité des choſes que le raiſonnement, & l'exemple perſuade mieux que l'eloquence.

CCI.

L'abſence gaſte les affaires d'vn amant, & l'affection des femmes n'eſtant fondée

fondée que sur les sens, s'affoiblit à mesure qu'elles s'en esloignent.

CCII.

On peut déguiser ses inclinations naturelles ; mais on a de la peine à les estouffer.

CCIII.

L'orgueil déguise les défauts, & faits passer l'avarice pour œconomie.

CCIV.

Les gens qui prennent part aux malheurs d'autruy, ne s'empressent à leur chercher du secours, qu'afin de les engager d'en vser de mesme à leur esgard.

CCV.

Les loix humaines n'ont pas assez de force pour intimider l'ambitieux ; c'est vn frein trop foible contre la violence de ses desirs.

CCVI.

On oublie quelquefois vne injure qu'on a receuë pour n'estre pas obligé d'en tirer vangeance.

CCVII.

Vn amoureux perd le temps quand il veut guerir son amour sans l'esteindre : cela est aussi ridicule que de vouloir que le feu ne brûle point.

CCVIII.

On pardonne quelquefois à ses ennemis, pour se faire honneur de triompher de la colere.

CCIX.

La veritable generosité ne peut estre pratiquée que quand les ennemis ne sont plus en estat de nuire.

CCX.

La bile est quelquefois la cause de la valeur ; & ceux dont le sang est ardent, font d'ordinaire d'vn temperament plus courageux que les autres.

CCXI.

La complaifance eft plus fouvent vn effet de l'intereft que de la douceur de l'efprit.

CCXII.

La parfaite tranquillité tient plus de la ftupidité que de la raifon.

CCXIII.

La flatterie delicate eft d'autant plus dangereufe, que fon mal ne paroift pas d'abord.

CCXIV.

Les biens de la fortune ne font ny bons ny méchans : le seul vsage les fait ce qu'ils sont.

CCXV.

Rien n'est plus difficile que de connoistre le cœur de l'homme ; il est enveloppé de tenebres, & la plufpart de ses replis sont impenetrables.

CCXVI.

Il y a beaucoup de Philosophes, & peu de gens sages.

CCXVII.

L'intereſt a ſouvent plus de part à la fidelité, que le devoir.

CCXVIII.

Ceux qui paroiſſent les plus moderez, ne ſont pas pour cela les moins ſenſibles.

CCXIX.

Noſtre orgueil nous fait écouter avec dégouſt ceux qui ſe loüent.

CCXX.

On hait toûjours ceux qui contrarient avec opiniaſtreté, quoy que ce ſoit avec raiſon.

CCXXI.

L'amitié intereſſée eſt accompagnée de promeſſes magnifiques, & de proteſtations pleines d'vn zele apparent; mais ſi-toſt que l'intereſt ceſſe, & que le roolle eſt joüé, elle reprend ſes habits ordinaires, & quitte à la fin de la comedie tous les brillans aſſemblages dont elle s'eſtoit parée pour ébloüir les yeux.

CCXXII.

Vn bienfait qu'on donne aux importunitez, n'oblige pas si sensiblement que celuy qu'on accorde sans peine.

CCXXIII.

Les loüanges qu'on nous donne, ne nous ennuyent jamais.

CCXXIV.

L'amour de la reputation contribuë beaucoup à l'honnesteté des femmes.

CCXXV.

L'amour propre déguise à l'homme ses défauts, & ne les luy fait regarder que pour les excuser.

CCXXVI.

Quoy que les perfonnes vraiment vertueufes ne fe propofent pas de recompenfe, rien neanmoins ne leur déplaift tant que l'ingratitude.

CCXXVII.

Il y a des gens opiniaftres, qui ne le font que parce qu'ils fe figurent que c'eft vne fermeté de n'avoüer jamais leurs erreurs.

CCXXVIII.

Tres-peu de gens fentent qu'ils feroient pour leurs amis tout ce qu'ils voudroient qu'ils fiſſent pour eux-meſmes.

CCXXIX.

Les jugemens qui nous condamnent nous paroiſſent toûjours injuſtes.

CCXXX.

On ne recherche jamais l'approbation des autres, que pour donner plus de force à ſes ſentimens.

CCXXXI.

Les gens les plus intereſſez ſont ſouvent ceux qui le paroiſſent moins.

CCXXXII.

Nous haïſſons vn bon

miroir qui découvre en nous des défauts ; & nous aimons mieux nous persuader que le miroir est faux, que de reconnoistre vne verité fâcheuse.

CCXXXIII.

On ne chercheroit pas toûjours l'amitié des personnes puissantes avec empressement, si l'on n'apprehendoit leur inimitié.

CCXXXIV.

L'amour qu'on a pour les choses justes, vient souvent de la crainte de recevoir quelque injustice.

CCXXXV.

On sçait que l'esprit a ses maladies aussi bien que le corps ; mais il est plus difficile de les connoistre & de les guerir.

CCXXXVI.

La jalousie est vn mal à qui toutes choses servent de nourriture, & pas vne de remede.

CCXXXVII.

La crainte qui accompagne la jalousie, luy agrandit les moindres objets, & luy represente les maux autres qu'ils ne sont.

CCXXXVIII.

Chacun veut acquerir de l'honneur; mais peu de gens font tout ce qu'il faut pour cela.

CCXXXIX.

L'esperance fortifie toutes les autres passions; elle les soûtient & leur sert d'aiguillon.

CCXL.

On prend plaisir à se tromper soy-mesme, & à se figurer de faux biens dans la possession de ce qu'on aime.

CCXLI.

La noblesse est estimable quand elle est soustenuë de la vertu : mais sans elle c'est peu de chose.

CCXLII.

L'amour est aux autres passions, ce que le premier mobile * est aux spheres inferieures : par sa rapidité il les entraisne toutes avec luy.

CCXLIII.

Celuy qui hait est plus à plaindre que celuy qui est haï.

* selon *Ptolomée.*

CCXLIV.

L'homme est touché tres-vivement par le plaisir; & comme c'est le but que l'amour se propose, il ne faut pas s'estonner s'il s'applique avec tant de soin à y parvenir.

CCXLV.

On se sert de la modestie pour se donner des loüanges, comme des paroles les plus choisies pour loüer les autres.

CCXLVI.

Il y a vne certaine sincerité qui est l'effet d'vn esprit grossier qui n'a pas le talent de déguiser ses sentimens.

CCXLVII.

La raison est vn bon guide ; & si l'homme la consultoit autant que son cœur, il ne s'égareroit pas si souvent.

CCXLVIII.

L'humilité n'est pas toûjours vne vertu : c'est quelquefois vne subtilité de l'amour propre pour cacher des desseins ambitieux.

CCXLIX.

On affecte d'ordinaire de la

la gravité pour impoſer à la populace, & pour faire croire qu'on a de la modeſtie & du jugement.

CCL.

Les conſiderations du temps & de l'intereſt ſont fort differentes; le temps paſſé nous échape, le preſent s'écoule inſenſiblement, & toute noſtre attention ſe porte vers l'avenir, quoy que le temps preſent ſoit ſeul en noſtre pouvoir; & au contraire de l'intereſt. On ne tient compte des choſes acquiſes, & on conſidere peu l'avenir; l'intereſt preſent eſt le ſeul qui nous occupe, & d'ordinaire on eſt plus touché d'vne ſucceſſion qui ſurvient d'vne perſonne qui doit eſtre chere, que des avantages de l'amitié & du ſang ; quoy que cet intereſt ſoit infiniment inferieur à la vertu.

CCLI.

Les vertus humaines ſont remplies de vanité, elles affectent de ſe montrer dans vn jour avantageux, & n'aiment à paroiſtre que dans les occaſions propres à ſe faire remarquer.

CCLII.

La temperance eſt quelquefois causée par l'avarice, & quelquefois aussi par la crainte des incommoditez qui suivent les excés.

CCLIII.

Peu de gens sont veritablement vertueux : & cependant personne ne veut reconnoître ses défauts.

CCLIV.

Les afflictions qu'on fait paroître à la mort de ses proches, sont tres-souvent des douleurs estudiées.

CCLV.

Chacun blasme les jugemens temeraires, & la

plufpart du monde en fait.

CCLVI.

On croit plûtoft le mal que le bïen, par vn mouvement fecret de l'orgueil, qui porte à condamner les autres, afin de s'eflever au deffus d'eux.

CCLVII.

L'amour des richeffes eft aujourd'huy vne efpece d'idolatrie.

CCLVIII.

L'ambition eft vne paffion dangereufe, qui enchante les hommes à vn point qu'ils s'oublient eux-mesmes pour la suivre ; si Cesar n'est le maistre, il veut n'estre point : il ne peut vivre s'il ne regne, & Agripine consent de perdre la vie, pourveu que son fils soit Empereur.

CCLIX.

Il est aussi difficile à l'homme de renoncer à l'amour propre, que de consentir à sa propre destruction.

CCLX.

Les choses se gouvernent dans le monde estrangement par l'opinion ; & la seule creance qu'vn homme est fort riche, fait qu'on a de la confiance en sa parole, au lieu de s'informer de sa bonne-foy.

CCLXI.

La passion qu'on a pour l'interest est extréme : on luy sacrifie comme à vne divinité, son repos, son honneur, ses parens, sa vie, & tout ce qu'on a de plus cher au monde.

CCLXII.

Les consolations ordinaires renouvellent plûtost les douleurs qu'elles ne les appaisent.

CCLXIII.

Il est honteux à l'homme d'adorer ce que la nature a jetté sous ses pieds, & de se donner beaucoup de peine pour acquerir des biens que la bizarrerie de la fortune luy peut faire perdre.

CCLXIV.

La pauvreté est comme vn voile qui cache l'avarice: l'abondance seule donne lieu de la mettre au jour.

CCLXV.

Celuy qui fait vn plaisir avec peine, ne merite pas qu'on en ait de la reconnoissance.

CCLXVI.

La grande fortune est vn grand esclavage.

CCLXVII.

Les voluptez sont de cruels ennemis, d'autant plus à craindre, que cachant leur venin, elles attirent à elles par leurs charmes.

CCLXVIII.

Vn homme est insupportable, qui reproche les vices ausquels il est sujet.

CCLXIX.

Ce seroit découvrir la pierre philosophale, que de trouver

trouver vn moyen asseuré pour regner sur ses passions.

CCLXX.

Les plaisirs sont meslez d'amertume, & souvent la peine de la recherche d'vn bien fasche plus que sa possession ne donne de contentement.

CCLXXI.

C'est vne folie ordinaire aux vieilles gens de former de grands projets de fortune : comme s'ils ne faisoient qu'entrer dans le monde.

CCLXXII.

L'avarice eſt vne paſſion auſſi dangereuſe qu'elle eſt baſſe : car le joug des autres devient inſupportable avec le temps ; celle-cy eſt la ſeule, dont l'homme ne ſe laſſe jamais.

CCLXXIII.

L'opinion a plus de part en nos eſperances & en nos craintes que la raiſon.

CCLXXIV.

La honte n'eſt pas vn effet de la haine des vices ; mais du déplaiſir qu'ils ſoient connus.

CCLXXV.

On seroit heureux si on pouvoit mettre des bornes à ses desirs.

CCLXVI.

Le mesme orgueil qui fait qu'on s'applaudit des actions loüables, fait qu'on rougit de ses fautes.

CCLXXII.

Quoy que l'ingratitude soit odieuse : on voit pourtant peu de gens qui vne fois en leur vie n'ayent esté ingrats.

CCLXXIII.

Il y a vne certaine amitié parmy les voluptueux, que le rapport d'humeurs fait naiſtre, & qu'vn âge plus meur fait ceſſer, en changeant les inclinations.

CCLXXIX.

L'inégalité des humeurs de ceux à qui on a affaire, rend inutile la pluſpart des meſures qu'on prend pour réüſſir.

CCLXXX.

L'homme inconſtant de ſa nature approuve aujourd'huy ce qu'il blâmera demain : c'eſt au jugement à le fixer dans ſes penſées & dans ſon choix.

CCLXXXI.

La jalousie est vne maladie opiniastre, & d'autant moins facile à guerir, qu'elle vient d'vne cause tres-sensible qu'on ne peut se resoudre d'abandonner.

CCLXXXII.

La civilité est vn langage de ceremonie, & on employe le nom d'amy où il n'y a nulle amitié.

CCLXXXIII.

L'homme se déguise de telle sorte, qu'on ne démesle ses veritables sentimens qu'avec toutes les peines du monde, d'avec les fausses apparences, au travers desquelles il agit.

CCLXXXIV.

On doit plus regarder l'intention dans les bienfaits, que leur valeur.

CCLXXXV.

La liberalité ne fait point languir ceux qu'elle a dessein d'obliger.

CCLXXXVI.

L'orgueil contribuë davantage à l'honnesteté des femmes, que le dégoust de la coquetterie.

CCLXXXVII.

Les loüanges qui suivent la vertu, plaisent davantage que la vertu mesme.

CCLXXXVIII.

La méchante impression qu'on donne vne fois de soy, est vne tâche qu'on a bien de la peine à effacer; il faut plusieurs bonnes actions pour en contrebalancer vne méchante.

CCLXXXIX.

La verité perd son credit dans la bouche d'vn menteur: c'est vne qualité odieuse que le mensonge, & vn pied sur lequel les jeunes gens doivent bien prendre garde d'entrer dans le monde.

CCXC.

Les passions dans leur violence n'ont point égard aux loix n'y à la vertu, au devoir ny à la nature.

CCXCI.

Les bienfaits sont autant de chaisnes qui attachent aux personnes dont on les reçoit.

CCXCII.

On ne se donne de la peine à marcher dans le chemin estroit de la vertu, & à acquerir les sciences les plus relevées, que pour en faire vne vaine parade, & pour s'attirer l'approbation du public.

CCXCIII.

La vanité & l'interest ont beaucoup de part à nos larmes; on les retient souvent quand personne ne les voit couler.

CCXCIX.

L'homme sage ne doit ny se blasmer ny se loüer ; il faut qu'il laisse parler sa vertu.

CCXCX.

On doit avoir vne bonnette franchise pour tout le monde; mais ne communiquer ses affaires importantes qu'à ceux qui y sont necessaires.

CCXCVI.

C'est le propre d'vne ame vile & basse d'avoir de l'ingratitude.

CCXCVII.

C'est paroistre trop persuadé de son merite, que de se plaindre ouvertement qu'il ne soit pas recompensé.

CLXCVIII.

Il y a de l'interest dans

l'amitié comme dans les richesses : on aimeroit moins si on n'y trouvoit de l'vtilité.

CCXCIX.

La vanité aveugle extremement les hommes; & les gens prevenus en faveur d'eux-mesmes, se rendent le plus souvent indignes des charges ausquelles on les esleve, & des honneurs qu'on leur rend.

CCC.

Encore qu'on sçache qu'il ne faut jamais juger des choses par les sens ny par les apparences exterieures;

neanmoins l'eſtime, quoy que legerement conceuë, des perſonnes qui traittent les affaires, ne laiſſe pas de prevenir, & de contribuer à les faire réüſſir.

CCCI.

La pluſpart des gens meurent avant que d'avoir appris à vivre.

CCCII.

Chacun croit que le bonheur conſiſte dans les commoditez qu'il n'a pas: le pauvre le met dans les richeſſes, & le malade dans la ſanté.

CCCIII.

Les gens du monde ont vn art de couvrir leurs défauts, qui empefche de les bien connoiftre ; la beftife paffe fouvent pour gravité, & l'ignorance pour myftere.

CCCIV.

L'approbation de la populace n'eft point vne marque de vertu, & ce n'eft pas fans raifon qu'autrefois vn fage vn peu chagrin voyant que fon difcours eftoit applaudy du peuple, demanda à vn de fes amis, s'il luy eftoit échapé quelque impertinence.

CCCV.

La perfection confiste dans vne égalité de vie, qui foit telle, qu'vne action ne démente point l'autre.

CCCVI.

La fortune ne peut rien fur la vertu, puis qu'elle n'eft point de fon reffort, & ne releve point d'elle.

CCCVII.

Le bonheur de l'homme ne dépend pas tant de la durée de fa vie, que du bon vfage qu'il en fait.

CCCVIII.

Il n'appartient qu'aux ames extraordinaires de mépriser ce qui paroist grand au commun des hommes.

CCCIX.

Il y a des fautes qu'on ne connoist point, à cause que la bassesse de ceux qui les commettent, les dérobe à nos yeux, & les empesche de parvenir jusqu'à nous.

CCCX.

L'avarice est vne pauvreté criminelle.

CCCXI.

Les bienfaits ne seroient pas si communs, s'ils n'estoient fondez sur l'amour propre ; mais faire du bien aux autres, est se faire du bien à soy-mesme.

CCCXII.

Le bruit du monde est trompeur ; ainsi pour bien juger des choses, il ne faut pas compter les voix, mais en peser la valeur.

CCCXIII.

Les passions servent à donner du lustre à la vie, comme les couleurs sombres

bres dans la peinture, à relever l'éclat d'vn tableau.

CCCXIV.

L'amour des personnes décriées est toûjours accompagné d'infamie, & fait tort à la reputation.

CCCXV.

L'amour propre trouve sa destruction dans la mort: aussi n'y a-t-il rien de plus affligeant ny de plus terrible.

CCCXVI.

Les timides font quelquefois plus par desespoir,

que les braves par le courage.

CCCXVII.

Il y a dans de laides personnes vn je ne sçay quoy, qui nous attire quelquefois à elles : & qui nous occupe de telle sorte l'imagination, que nous ne faisons aucune reflexion à ce qu'elles ont de desagreable & de laid.

CCCXVII.

La sagesse & le peuple sont deux ennemis qui n'ont jamais pû s'accorder : ce qui plaist à l'vn, déplaist à l'autre ; leurs gousts sont tout-à-fait differens, & ils se haïssent de tout temps d'vne maniere si estrange, qu'on a toûjours veu les sages persecutez par la populace; & d'autre costé, les folies du peuple servir de sujet aux risées des philosophes.

CCCXIX.

Les livres de morale sont en quelque sorte des tableaux, & la plus heureuse de toutes les peintures est celle qui represente naturellement l'esprit & le cœur de l'homme.

FIN.

PRIVILEGE DV ROY.

LOVIS par la grace de Dieu, Roy de France & de Navarre. A nos amez & feaux Conseillers, Maistres des Requestes ordinaires de nostre Hostel, Prevost de Paris, Seneschaux, leurs Lieutenans Civils & autres nos Iusticiers & officiers qu'il appartiendra, salut. Le sieur R*** nous a fait remonstrer qu'il a composé vn livre intitulé *Reflexions Morales*, lequel il desireroit faire imprimer & donner au public ; mais il craint qu'ayant fait la dépense, d'autres le voulussent faire imprimer à son préjudice, s'il ne luy estoit pourveu de nos Lettres de Privilege sur ce necessaires, qu'il nous a tres-humblement fait supplier de luy octroyer. A ces causes, voulant favorablement traitter l'exposant, & luy donner moyen de recueillir les fruits de son labeur ; nous luy avons permis & accordé, permettons & accordons par ces presentes, de faire imprimer ledit livre en tel volume, marge, caractere, & autant de fois que bon luy semblera, pendant le temps de six années consecutives, à commencer du jour qu'il sera achevé d'estre imprimé; iceluy vendre & distribuer par tout nostre Royaume. Faisons défenses à tous Libraires, Imprimeurs & autres, d'imprimer ou faire imprimer ledit livre, vendre & distribuer iceluy sous quelque pretexte que ce soit, mesme d'impression estrangere ou autrement, sans le consentement dudit exposant, & de ses ayans cause, sur peine de confiscation des exemplaires contrefaits, amende arbitraire, despens, dommages & interests : à la charge d'en mettre deux exemplaires en nostre Bibliotheque publique, vn autre en nostre Cabinet des livres de nostre Chasteau du Louvre, & vn en celle de nostre trescher & feal Chevalier, Chancelier de France le Sieur le Tellier ; à peine de nullité des presentes, du contenu desquelles vous mandons & enjoignons faire joüir l'exposant, & ses ayans cause, pleinement & paisiblement ; cessant & faisant cesser tous troubles & empeschemens contraires, dont si aucuns interviennent, nous nous sommes reservé & à nostre Conseil, la connoissance. Voulons qu'en mettant au commencement ou à la fin dudit Livre, l'extrait des presentes; elles soient tenuës pour deuëment signifiées, & qu'aux copies collationnées par l'vn de nos amez & feaux Conseillers Secretaires, foy soit adjoutée comme à l'original. Mandons au premier nostre Huissier ou Sergent, faire pour l'execution des presentes, toutes significations, défenses, saisies, & autres actes requis & necessaires, sans demander autre permission : CAR tel est nostre plaisir. Donné à Paris le deuxiéme jour de Février, l'an de grace mil six cens soixante & dix-neuf, & de nostre Regne le trente-six. Signé, Par le Roy en son Conseil, LE NORMAND.

Registré sur le Livre de la Communauté des Libraires & Imprimeurs de Paris, le dernier Février 1679. Signé, COVTEROT, *Syndic.*

Le Sieur R***. a cedé son Privilege à Pierre le Petit Imprimeur du Roy, pour en joüir selon l'accord fait entre eux, le septiéme Mars 1679.

Achevé d'imprimer le 11. *Mars* 1679.

www.ingramcontent.com/pod-product-compliance
Lightning Source LLC
Chambersburg PA
CBHW060149100426
42744CB00007B/956